Christina Büttner

Achtung – Diabetiker isst mit!

Christina Büttner

Achtung –

Diabetiker isst mit!

Kochbuch für Familien mit einem Diabetiker

Diabetes mellitus Typ I und Typ II

Bibliografische Information Der Deutschen Bibliothek:
Die Deutsche Bibliothek verzeichnet diese Publikation in
der Deutschen Nationalbibliografie; detaillierte
bibliografische Daten sind im Internet über
http://dnb.ddb.de abrufbar.

Herstellung und Verlag: Books on Demand GmbH,
Norderstedt
ISBN 3-8334-5144-0

INHALTSVERZEICHNIS

Vorwort

Vorspeisen & Beilagen & Suppen

Süßspeisen & Backwaren

Salate

Kartoffeln & Nudeln

Reis & Gemüse

Fleisch & Fisch

Anhang

Hallo Leute!

Mein Name ist Benita, ich bin 10 Jahre alt und dieses Buch hier ist mein Kochbuch.

Die Hauptperson in dem Buch ist Bea, sozusagen meine Zwillingsschwester. Bea zeigt Euch immer genau, wie viel BE sie isst. Zusätzlich sind oben in jedem Rezept Smileys, die anzeigen, wie viel BE das Rezept hat.

Da ich mich momentan um so viele andere Dinge kümmern muss, hat meine Mutter dieses Buch geschrieben.

Ich wünsche Euch viel Spaß und „Guten Hunger".

Alles Gute und allzeit gute Werte,

Benita

Vorwort

Nach drei Jahren Kochen für ein diabetisches Kind und einer Vielzahl von mit gelben Klebezetteln markierten Rezepten und angefangenen handschriftlichen Sammlungen habe ich mich entschlossen, alle meine Rezepte, die ich in meiner Küche verwende, in einem Kochbuch zusammenzufassen. Zum einem, weil sich die Klebezettel nach einiger Zeit lösen oder verrutschen, zum anderen, weil ich das Chaos in meinem Bücherregal nicht mehr ertragen konnte.

Typ I oder Typ II

In erster Linie habe ich das Kochbuch für Familien geschrieben, die wie ich ein diabetisches Kind mit Typ I haben. Allerdings handelt es sich um Gerichte, die jeder gern isst. Es sind also keine Kindermenüs, so dass die Rezepte auch für einen Typ II Diabetiker Verwendung finden werden.

Aufbau

Für dieses Kochbuch hat wie immer meine Tochter Modell gestanden. Für sie habe ich eine Figur erfunden, die ich Bea getauft habe.
So kann man in den Rezepten immer schnell nachlesen, was der „diabetische Mitesser" bekommt.

Ich hätte auch „Und was bekommt der Diabetiker?" schreiben können, aber das fand ich zu unpersönlich.

Hinter jedem Rezepttitel zeigen die Smileys die Anzahl der Broteinheiten an.

☺ = 1 BE   ☺ = 0,5 BE   ⊖ = 0 BE

Broteinheiten

In meinen Rezepten sind viele Erfahrungswerte enthalten. Die Broteinheiten sind jedoch alle genau errechnet. Zum Teil biete ich die Möglichkeit zwischen einer exakten und einer geschätzten BE-Menge zu wählen.

Bei Nudelgerichten habe ich immer die trockene (ungekochte) Menge angegeben. Bei den Sorten, die ich benutze, erhalte ich gekocht die doppelte Menge Nudeln. Eventuell prüfen Sie bitte die Nährwerttabelle auf der Verpackung.

Mengenangaben

Die Rezepte sind alle **für 4 Personen** gerechnet. Ich verwende viel Gemüse und Kartoffeln, dafür aber weniger Fleisch. Die Mengenangaben sind auf den täglichen Bedarf eines Schulkindes abgestimmt. Das mag für das eine oder andere Kind vielleicht zu viel sein. Es werden auch durchaus vier Erwachsene von den Rezepten satt.

Die BE in den Rezepten können aber natürlich problemlos variiert werden.

Beispiel: Bei einem Auflauf mit Kartoffeln werden 1 kg Kartoffeln genommen, also pro Person 250 g. Wenn kein Fleisch dazu gereicht wird, ist das sicher auch die richtige Menge.

Tipps und Tricks

Bei Aufläufen werden die Zutaten meist vermischt. Ich verwende daher kleine Auflaufformen in Portionsgröße, so dass ich für mein Kind die genauen BE an Kartoffeln oder Nudeln bestimmen kann. Wer lieber eine große Auflaufform nimmt und die BE nicht schätzen mag, kann die Zutaten auch unvermischt einfüllen.

Zubereitung

Ich habe in den Rezepten nicht exakt aufgeführt, wie das Gemüse gewaschen wird oder das man z. B. bei Paprika die Innenwände entfernt, sondern es als selbstverständlich vorausgesetzt.
Gemüse dünste ich immer mit einem Dünsteinsatz. Man kann es natürlich auch kochen.
Wenn Gemüse angebraten wird, benutze ich eine gute, beschichtete Pfanne und kein Öl dazu.
Generell bin ich beim Öl sehr sparsam. Wem es zu wenig ist, nimmt einfach etwas mehr Öl.
Für Fleisch nehme ich Erdnussöl, da man es sehr hoch erhitzen kann.
Beim Backen benutze ich bis auf wenige Ausnahmen die Umlufthitze. Die Backzeiten

variieren nach Art des Ofens. Es kann also sein, dass jemandem die Zeiten zu kurz erscheinen. Dann bitte nach Erfahrung verlängern.

<u>Abkürzungen</u>
Bd.   = Bund
BE   = Broteinheit(en)
EL   = Esslöffel
P.   = Packung
Sch. = Scheibe
St.   = Stange
TL   = Teelöffel
TK   = Tiefkühlkost

Ich wünsche allen Familien viel Freude beim Kochen, „Guten Appetit" und allzeit gute Blutzuckerwerte.
Über Anregungen, Ergänzungen und Tipps an meine unten genannte E-Mail Adresse freue ich mich.
Für den Inhalt erhebe ich keinen Anspruch auf Vollständigkeit. Alle Angaben und Werte sind persönliche Erfahrungswerte.

Christina Büttner

mailto:C.B.Buettner@diabetes-lino.de
<u>www.diabetes-lino.de</u>

Kräuterbrötchen Lanzarote

Zutaten:

4	Brötchen
40 g	Kräuterbutter

Zubereitung:

Die Kräuterbutter in einer Pfanne schmelzen lassen.
Die Brötchen aufschneiden und mit der Schnittfläche in die geschmolzene Butter legen.
Die Brötchenhälften nach Belieben leicht bis kross anbraten.

Und was bekommt Bea?

Bea bekommt zwei Brötchenhälften. Das sind bei einem 45 g Weizenvollkornbrötchen 2 BE.

Tipp: Schmeckt gut als Beilage zu Salat und beim Grillen. Bietet sich an, wenn man noch Brötchen vom Vortag über hat.

Dieses Rezept hat Bea aus dem Urlaub mitge-bracht.

Crostini

Zutaten:

1	rote Paprika
1	Zucchini
3	Tomaten
1	Knoblauchzehe
150 g	Mozzarella
2 TL	Pflanzenöl
	Salz, Pfeffer
4	Brötchen

Zubereitung:

Paprika, Zucchini, Tomaten und Knoblauch
putzen und in sehr kleine Würfel schneiden. Den
Mozzarella abtropfen lassen und in Scheiben
schneiden. Die Brötchen aufschneiden.
Das Öl in einer Pfanne erhitzen und das Gemüse
darin anbraten. Das Gemüse auf die Brötchenhälften geben und mit Mozzarella belegen.
Die belegten Brötchen kurz unterm Grill
überbacken – bis der Käse geschmolzen ist.

Und was bekommt Bea?

Bea bekommt zwei Brötchenhälften. Das wären
bei einem Brötchen von 45 g = 2 BE.

Tipp: Anstatt Mozzarella kann man auch anderen
Käse nehmen.

Käseschnecken

Zutaten:

270 g	Hefeteig (TK)
1	gelbe Paprika
½	rote Paprika
40 g	Salami (Scheiben)
120 g	Frischkäse mit Kräutern
1	Eigelb
	Salz, Pfeffer

Zubereitung:

Den Hefeteig nach Packungsanweisung auftauen lassen. Paprika putzen, in kleine Würfel schneiden und in einer beschichteten Pfanne fettfrei andünsten. Die Salamischeiben würfeln und mit Frischkäse, Eigelb und den abgekühlten Paprikawürfeln verrühren.

Mit Salz und Pfeffer abschmecken.

Den Hefeteig zu einem Rechteck ausrollen, ca. 30 x 20 cm. Die Käsemasse darauf streichen, den Teig von der Längsseite aufrollen und ca. 1 Stunde tiefkühlen.

Den Backofen vorheizen und den Teig in 12 Scheiben von etwa 1 cm Dicke schneiden.

Die Hefeteilchen auf ein mit Backpapier ausgelegtes Backblech legen.

> **Im Backofen bei 180° (Umluft 160°) ca. 20 min backen.**

Dazu gibt es Salat.

Und was bekommt Bea?
Bea bekommt zwei bis drei Käseschnecken.
Eine Käseschnecke hat 0,5 BE.

Tipp: Die Käseschnecken schmecken auch kalt
sehr gut. Ideal fürs Picknick oder als Beilage zum
Grillen.

Gefüllte Tomaten

Zutaten:

4	Fleischtomaten
1	Zwiebel
1	Knoblauchzehe
100 g	Pilze
4 EL	Frischkäse
2 TL	Kräuter
	Salz, Pfeffer
4 EL	geriebener Käse
150 ml	Instant-Gemüsebrühe
	(1 TL Instant)

Zubereitung:

Tomaten waschen, einen Deckel abschneiden und aushöhlen. Das Fruchtfleisch und den Deckel in kleine Würfel schneiden. Zwiebel, Pilze und Knoblauch putzen und in sehr kleine Würfel schneiden. Backofen vorheizen.
Zwiebel, Pilze und Knoblauch in einer Pfanne fettfrei anbraten. Tomatenwürfel und Frischkäse dazu geben. Mit Salz, Pfeffer und Kräutern würzen.
Die ausgehöhlten Tomaten mit der Masse füllen, mit Käse bestreuen und in eine Auflaufform setzen. Die Gemüsebrühe angießen.

> **Im Backofen bei 200° (Umluft 160°) ca. 20 min garen.**

Und was bekommt Bea?
Bea bekommt eine Tomate als Vorspeise ohne BE.

Tipp: Schmeckt auch gut zum Butterbrot am Abend.
Oder einfach mit Kartoffeln oder Reis kombiniert als Hauptgericht anbieten.

Kartoffelsuppe   ☺ ☺

Zutaten:

2	Zwiebeln
1 kg	Kartoffeln
1 EL	Öl
1 l	Instant-Gemüsebrühe (4 TL Instant)
300 g	frische Champignons
	Salz, Pfeffer

Zubereitung:

Zwiebeln und Kartoffeln schälen und würfeln.
Die Pilze putzen und in Scheiben schneiden.
Das Öl in einem Topf erhitzen und Zwiebeln und
Kartoffeln andünsten. Danach die Gemüsebrühe
hinzufügen und zugedeckt ca. 15 min köcheln
lassen. Die Suppe pürieren und die Pilze zur Suppe
geben. Noch einmal 5 min kochen lassen und mit
den Gewürzen abschmecken.

Und was bekommt Bea?

Bea bekommt 300 g Suppe = 2 BE.

Tipp: Man kann die Suppe prima vorbereiten und
beim Warmmachen die Pilze zufügen. Schmeckt
auch mit Pilzen aus der Dose.
Wer es nicht ganz so fein mag, püriert nur die
Hälfte der Suppe und lässt den Rest in Stückchen.

Nudelsuppe

Zutaten:

140 g	Suppennudeln, trocken
1	Blumenkohl
2	Stangen Lauch
4	Möhren
1,25 l	Instant-Gemüsebrühe (4 TL Instant)
240 g	Hackfleisch
2	Eier
2 EL	Paniermehl, 20 g
	Salz, Pfeffer

Zubereitung:

Nudeln nach Anweisung kochen, abgießen und mit kaltem Wasser abschrecken.

Gemüse putzen. Blumenkohl in Röschen teilen, Lauch in Ringe und Möhren in Scheiben schneiden. Die Gemüsebrühe aufkochen und das Gemüse darin ca. 10 min garen.

Hackfleisch mit Eiern, Paniermehl, Salz und Pfeffer mischen und kleine Bällchen formen. Fleischbällchen in die Suppe geben und bei mittlerer Hitze zugedeckt ca. 10 min gar ziehen lassen.

Die Nudeln auf Teller verteilen, Suppe zugeben und servieren.

Und was bekommt Bea?

Bea bekommt 100 g gekochte Nudeln und eine viertel Portion Fleischklöße = 3 BE.

Das Paniermehl hat insgesamt 1,5 BE, was pro Person ca. 0,4 BE ausmacht.

Möhrensuppe ☺

Zutaten:

2	Zwiebeln
900 g	Möhren
640 g	Kartoffeln
1 l	Instant-Gemüsebrühe

Zubereitung:

Zwiebeln und Kartoffeln putzen bzw. schälen und grob würfeln. Die Möhren putzen. Zwei oder drei Möhren in feine Streifen schneiden, den Rest würfeln.

Zwiebel-, Kartoffel- und Möhrenwürfel fettfrei in einem Topf anschwitzen. Die Gemüsebrühe dazu gießen und zugedeckt ca. 20 min köcheln lassen. Die Suppe pürieren. Die Möhrenstreifen in die Suppe geben und noch 5 min garen.

Und was bekommt Bea?

Bea bekommt 250 g Suppe = 1 BE.

Kaiserschmarrn-Dessert ☺ ☺ ☺ ☺

Zutaten:

100 g	Weizenmehl
4	Eier
250 ml	Milch
75 g	Rosinen
75 g	gemahlene Mandeln
2 EL	Öl

Zubereitung:

Mehl, Eier, Milch und Mandeln verrühren.
Rosinen unterheben.
Öl in einer beschichteten Pfanne erhitzen und den
Teig einfüllen. Von einer Seite anbraten und dann
mit zwei Küchenhelfern oder Kochlöffeln in kleine
Stücke reißen. Den Kaiserschmarrn goldbraun
braten.

Und was bekommt Bea?

Dieses Rezept ist als größerer Nachtisch für vier
Personen gedacht. Die Gesamtmenge hat 10,5 BE.
Bea bekommt dann ca. eine viertel Portion = ca.
2,5 BE

Natürlich nimmt Naschkatze Bea dazu noch 1 BE
(= 20 g) Nuss-Nugat-Creme oder Ahornsirup.

Tipp: Wer eine Hauptmahlzeit daraus machen will, nimmt für vier Personen die doppelte Menge der Zutaten.

4 BE sind dann ca. 250 g Fertiggericht.

Pfannkuchen family   ☺ ☺ ☺ ☺ (☺)

Zutaten:

250 g	Weizenmehl
2	Eier
250 ml	Milch
250 ml	Wasser
400 g	Äpfel
	Zitronensaft, Zimt
8 TL	Öl

Zubereitung:

Mehl, Eier, Milch und Wasser verrühren. Den Teig ca. 10 min quellen lassen. Die Äpfel schälen, vierteln, entkernen und in Scheiben schneiden. Die Apfelscheiben mit etwas Zitronensaft beträufeln und mit Zimt bestreuen.

Etwas Öl in einer beschichteten Pfanne erhitzen und den Teig portionsweise hineingeben. Die Apfelscheiben jeweils in den Teig drücken. Bei mäßiger Hitze von beiden Seiten goldbraun backen. Insgesamt 8 Pfannkuchen backen, dabei nach Bedarf das restliche Öl in die Pfanne geben.

Und was bekommt Bea?

Bea bekommt zwei Pfannkuchen.
   A) Wir backen 8 Pfannkuchen. Zwei Stück haben dann knapp 4,5 BE.

B) Wir wiegen vom Teig vorm Ausbacken
   ca. 220 g ab. Dazu kommen dann noch 50 g
   Äpfel. Das ergibt 4 BE.

Tipp: Wer es ganz gesund will, nimmt
Weizenvollkornmehl. Bea mag es am liebsten
„halbgesund" – also eine Hälfte Weizenmehl und
eine Hälfte Weizenvollkorn.

Beas Pfannkuchen   ☺ ☺ ☺ ☺ ☺

Zutaten:

62 g	Weizenmehl
1	Ei
62 ml	Milch
62 ml	Wasser
50 g	Äpfel
	Zitronensaft, Zimt
2 TL	Öl

Zubereitung:

Mehl, Eier, Milch und Wasser verrühren. Den Teig
ca. 10 min quellen lassen. Die Äpfel schälen,
vierteln, entkernen und in Scheiben schneiden. Die
Apfelscheiben mit etwas Zitronensaft beträufeln
und mit Zimt bestreuen.
Etwas Öl in einer beschichteten Pfanne erhitzen
und den Teig portionsweise hineingeben. Die
Apfelscheiben jeweils in den Teig drücken. Bei
mäßiger Hitze von beiden Seiten goldbraun
backen. Die Menge ergibt 2 Pfannkuchen.

Und was bekommt Bea?

Bea bekommt hier die komplette Portion. Der
Rest der Familie ernährt sich heute „zu gesund"
findet Bea. Die Portion hat 4 BE.
Naschkatze Bea nimmt dazu noch 1 BE (=20 g)
Nuss-Nugat-Creme oder Ahornsirup.

Dampfnudeln

Zutaten:

340 g	Mehl
1 P.	frische Hefe (Würfel)
250 ml	warme Milch
40 g	Zucker
200 g	Apfel
	Zitronensaft, Zimt
200 ml	Apfelsaft
200 ml	Wasser
2 TL	Margarine
24 g	Vanillepudding-Pulver
250 ml	Milch
	Süßstoff

Zubereitung:

Mehl in eine Schüssel geben und in die Mitte eine Mulde drücken. Hefe hineinbröckeln und mit Milch und Zucker zu einem Vorteig rühren. Zugedeckt ca. 15 min gehen lassen. Danach den Teig glatt verkneten und erneut 30 min gehen lassen.

Den Backofen vorheizen.

Äpfel schälen, in Würfelchen schneiden und mit Zitronensaft und Zimt mischen.

Den Teig in 8 Portionen teilen und die Teigstücke flach drücken. Den Teig mit den Äpfeln belegen und jeweils zu einer Kugel formen. Die Klöße in eine Auflaufform setzen und Apfelsaft und Wasser angießen. Mit der zerlassenen Butter bestreichen.

Im Backofen bei 175° ca. 35 min backen.

Das Puddingpulver mit etwas Milch anrühren. Die restliche Milch aufkochen, das angerührte Pulver einrühren, aufkochen und mit Süßstoff abschmecken. Sauce zu den Klößen reichen.

Und was bekommt Bea?
Bea bekommt 2 Klöße und ein Viertel Sauce
= 7 BE.

Crêpes mit süßen Beeren ☺ ☺ ☺ ☺ ☺

Zutaten:

3	Eier
240 g	Mehl
	Salz
250 ml	Milch
4 EL	Wasser
2 EL	Öl
2 EL	Vanillepudding-Pulver
2 EL	Vanillezucker
125 ml	Milch
500 g	gemischte Beeren (TK)
	Süßstoff

Zubereitung:

Eier, Mehl, Salz, Milch und Wasser zu einem Teig verrühren und ca. 15 min quellen lassen.

Öl in einer Pfanne erhitzen und vier Crêpes ausbacken.

Das Puddingpulver mit 125 ml Milch aufkochen und den Vanillezucker unterrühren. Die angetauten Beeren zufügen, erhitzen und mit Süßstoff abschmecken.

Crêpes mit Vanillebeeren-Sauce servieren.

Und was bekommt Bea?

Bea bekommt einen Crêpes mit einem Viertel Sauce = 5 BE.

Tipp: Dies ist nur ein Hauptgericht für
Naschkatzen.
Eventuell als Nachtisch variieren.

Pfirsichschnitten

Zutaten:

150 g	Margarine
150 g	Zucker
1 P.	Vanillezucker
4	Eier
	Zitronensaft
250 ml	Mehl
3 TL	Backpulver
750 g	Pfirsiche natursüß in Scheiben

150 g	Mehl	
75 g	Zucker	} Streusel
100 g	Margarine	

100 g	Puderzucker	
2 EL	Zitronensaft	} Verzierung

Zubereitung:

Den Backofen vorheizen.
Die Margarine und den Zucker schaumig schlagen.
Vanillezucker, Eier und Zitronensaft dazu geben.
Das Mehl mit dem Backpulver vermischen und
unter den Teig rühren. Die Masse auf ein gefettetes
Backblech streichen und mit dem abgetropften
Obst belegen.
Aus Mehl, Zucker und Margarine Streusel kneten
und über den belegten Obstteig geben.

Bei 200° (Umluft 170°) ca. 25 min backen.

Abkühlen lassen. Puderzucker mit Zitronensaft
verrühren und Kuchen damit verzieren.

Und was bekommt Bea?
Den Kuchen in 20 Stücke teilen. Ein Stück hat
dann 3 BE.
Bea bekommt nach Lust und Hunger 1 bis 2
Stück.

Knusperwaffeln ☺ ☺ ☺ ☺

Zutaten (für 10 Waffeln):

125 g	Margarine
50 g	Zucker
1 P.	Vanillezucker
4	Eier
	Zitronensaft
250 g	Mehl
1 TL	Backpulver
250 ml	Milch

Zubereitung:

Margarine, Zucker und Vanillezucker in eine große Schüssel geben und schaumig rühren. Die Eier nach und nach unterrühren. Etwas Zitronensaft oder –aroma zufügen.

Anschließend das Mehl mit dem Backpulver mischen und unterheben. Die Milch dazu schütten und die Masse cremig rühren.

Den Teig portionsweise im Waffeleisen ausbacken. Insgesamt 10 Waffeln backen.

Und was bekommt Bea?

Bea bekommt zwei Waffeln mit 15 g Marmelade. Das sind genau 4 BE.

Ahornsirup-Muffins

Zutaten (für 12 Muffins):

230 g	Mehl
2 TL	Backpulver
½ TL	Natron
1 TL	Zimt
100 g	gehackte Walnüsse
1	Ei
50 g	brauner Zucker
100 g	Ahornsirup
80 ml	Öl
200 g	Buttermilch
30 g	gehackte Walnüsse (Verzierung)
	Öl oder Papierförmchen

Zubereitung:

Den Backofen vorheizen.

Mehl, Backpulver, Natron, Zimt und Walnüsse in einer Schüssel mischen. In einer zweiten (größeren) Schüssel das Ei verquirlen und anschließend den Zucker, den Sirup, das Öl und die Buttermilch hinzufügen und alles gut verrühren.

Danach die Mehlmischung dazu geben und nur so lange verrühren, bis die trockenen Zutaten feucht sind. Das Muffinsblech einfetten oder mit Papierförmchen auslegen. Den Teig einfüllen und die Walnüsse zur Verzierung auf den Teig geben.

Bei 180° (Umluft 160°) ca. 20 min backen.

Die Muffins noch 10 min auskühlen lassen und
dann aus dem Blech nehmen.

Und was bekommt Bea?
Ein Muffin hat 2 BE.

Tipp: Walnüsse durch Haselnüsse oder Mandeln
ersetzen. Funktioniert auch gut, wenn man
gemahlene Nüsse nimmt.
Beim Mehl 90 g durch Vollkornweizenmehl
ersetzen.

Erdnussbutter-Muffins

Zutaten (für 12 Muffins):

200 g	Mehl
2 TL	Backpulver
½ TL	Natron
100 g	gehackte Schokolade
60 g	gehackte Erdnüsse, ohne Salz
1	Ei
120 g	brauner Zucker
120 g	Erdnussbutter
60 ml	Öl
250 g	Buttermilch
40 g	gehackte Erdnüsse, ohne Salz (Verzierung)
	Öl oder Papierförmchen

Zubereitung:

Den Backofen vorheizen.

Mehl, Backpulver, Natron, Schokostückchen und Erdnüsse in einer Schüssel mischen. In einer zweiten (größeren) Schüssel das Ei verquirlen und anschließend den Zucker, die Erdnussbutter, das Öl und die Buttermilch hinzufügen und alles gut verrühren.

Danach die Mehlmischung dazu geben und nur so lange verrühren, bis die trockenen Zutaten feucht sind. Das Muffinsblech einfetten oder mit

Papierförmchen auslegen. Den Teig einfüllen und die restlichen Erdnüsse auf den Teig streuen.

Bei 180° (Umluft 160°) ca. 20 min backen.

Die Muffins noch 10 min auskühlen lassen und dann aus dem Blech nehmen.

Und was bekommt Bea?
Ein Muffin hat 2,5 BE.

Marmor-Muffins

Zutaten (für 12 Muffins):

250 g	Mehl
2 TL	Backpulver
½ TL	Natron
1	Ei
140 g	brauner Zucker
1 P.	Vanillezucker
80 ml	Öl
300 g	Buttermilch
60 g	gehackte Walnüsse
3 EL	Kakaopulver
4 EL	Milch
	Öl oder Papierförmchen

Zubereitung:

Den Backofen vorheizen.

Mehl, Backpulver und Natron in einer Schüssel mischen. In einer zweiten (größeren) Schüssel das Ei verquirlen und anschließend den Zucker, den Vanillezucker, das Öl und die Buttermilch hinzufügen und alles gut verrühren.

Danach die Mehlmischung dazu geben und nur so lange verrühren, bis die trockenen Zutaten feucht sind. Eine Hälfte des Teiges mit den Nüssen mischen, den anderen Teil mit Kakaopulver und Milch verrühren. Das Muffinsblech einfetten oder mit Papierförmchen auslegen. Zuerst den hellen und dann den dunklen Teig einfüllen.

Bei 180° (Umluft 160°) ca. 20 min backen.

Die Muffins noch 10 min auskühlen lassen und dann aus dem Blech nehmen.

Und was bekommt Bea?
Ein Muffin hat 2,5 BE.

Kartoffel-Gemüse-Salat

Zutaten:

750 g	Kartoffeln
2	Zwiebeln
200 g	Salatgurke
4	Tomaten
1	gelbe Paprika
150 g	saure Sahne
150 g	Joghurt 3,5 % Fett
1 EL	Essig
1 TL	Senf
2 EL	gemischte Kräuter
	Pfeffer, Salz, Paprika

Zubereitung:

Kartoffeln als Pellkartoffeln garen, pellen und in Würfelchen schneiden. Zwiebeln und Gurke schälen und würfeln, Tomaten in Spalten schneiden, Paprika würfeln.
Saure Sahne mit Joghurt, Essig, Kräutern, Senf und Gewürzen vermischen und über die Kartoffeln und das Gemüse geben.

Und was bekommt Bea?

Bea bekommt eine viertel Portion = 2,5 BE.
Eine BE entsprechen hier ca. 170 g Salat.

Nudel-Gemüse-Salat

Zutaten:

200 g	Vollkornnudeln
2	Zwiebeln
200 g	Salatgurke
4	Tomaten
1	gelbe Paprika
150 g	saure Sahne
150 g	Joghurt 3,5 % Fett
1 EL	Essig
1 TL	Senf
2 EL	gemischte Kräuter
	Pfeffer, Salz, Paprika

Zubereitung:

Nudeln kochen und abschrecken. Zwiebeln und Gurke schälen und würfeln, Tomaten in Spalten schneiden, Paprika würfeln.
Saure Sahne mit Joghurt, Essig, Kräutern, Senf und Gewürzen vermischen und über die Nudeln und das Gemüse geben.

Und was bekommt Bea?

Bea bekommt 2 BE, was hier ca. 300 g sind.
Der Salat hat insgesamt 9 BE.

Tipp: Statt der Gurke kann man auch 200 g
Erbsen (bissfest gegart oder aus der Dose)
nehmen.
Wegen der Vollkornnudeln sättigt der Salat schnell.
Wenn man ihn als Beilage nimmt, reicht diese
Menge für 6 Personen.

Tortellini-Salat

Zutaten:

1	rote Paprika
4 Sch.	gekochter Schinken
3	Frühlingszwiebeln
800 g	gegarte Tortellini
8 EL	Erbsen aus der Dose
5 EL	Mayonnaise
200 g	Joghurt
4 EL	Essig
	Salz, Pfeffer
2 EL	frisch gehackten Basilikum

Zubereitung:

Tortellini nach Anweisung bissfest garen, abschütten und abschrecken. Paprika und Frühlingszwiebeln putzen. Paprika und Schinken würfeln, Zwiebeln in Ringe schneiden und zusammen mit den Tortellini und den Erbsen in eine Schüssel geben. Für das Dressing Mayonnaise mit Joghurt und Essig verrühren. Basilikum unterziehen und würzen. Dressing über den Salat geben und vermischen.

Und was bekommt Bea?

Bea bekommt eine viertel Portion Salat = 5 BE.

Tipp: Dressing etwas durchziehen lassen.

Blumenkohl-Tomaten-Auflauf

Zutaten:

1 kg	Kartoffeln
1 kg	Blumenkohl
	Curry, Pfeffer, Salz
1	Knoblauchzehe
	Muskat
3-4	große Tomaten
100 ml	Sahne
100 ml	Milch
100 g	geriebener Käse

Zubereitung:

Kartoffeln als Pellkartoffeln garen, pellen und in Scheiben schneiden. Blumenkohl gar dünsten. Den Backofen vorheizen.
Kartoffeln und Blumenkohl in eine gefettete Auflaufform geben, ohne die Zutaten zu mischen. Die Kartoffeln mit Curry, Pfeffer und Salz würzen. Den gepressten Knoblauch darüber geben. Den Blumenkohl mit Muskat bestreuen.
Die Tomaten vierteln und mit der Schale nach oben auf den Blumenkohl legen. Sahne und Milch über den Auflauf gießen und alles mit Käse bestreuen.

> **Im Backofen bei 200° (Umluft 170°) ca. 30 min backen.**

Und was bekommt Bea?

Bea bekommt 160 g Kartoffeln = 2 BE.
Die Milch hat hier nur 0,1 BE pro Person.

Tipp: Wer es gesünder möchte, ersetzt die Milch durch Wasser. Dann ist die Sahne nicht ganz so mächtig. Oder man nimmt 200 ml Milch und keine Sahne (= 0,2 BE).

Ofenkartoffeln ☺ ☺

Zutaten:

1 kg   Kartoffeln
          Salz

Zubereitung:

Den Backofen vorheizen und die Kartoffeln
gründlich waschen.
Danach die Kartoffeln halbieren und etwas salzen.
Mit der Schnittfläche nach unten auf ein mit
Backpapier belegtes Backblech legen.

**Im Backofen bei 200° (Umluft 170°) ca. 35 min
garen.**

Und was bekommt Bea?

Bea bekommt 2 BE Kartoffeln = 160 g.

Tipp: Schmeckt gut als Beilage zu Geflügel. Dazu
Gemüse oder Salat reichen.

Kartoffel-Brokkoli-Auflauf ☺ ☺

Zutaten:

750 g	Brokkoli
1 kg	Kartoffeln
2	rote Paprika
500 ml	Instant-Gemüsebrühe
4	Käseecken
	Salz, Pfeffer, Muskat

Zubereitung:

Den Brokkoli in Röschen teilen und bissfest dünsten. Die Kartoffeln als Pellkartoffeln kochen, pellen und in Scheiben schneiden.
Den Backofen vorheizen.
Die Paprika putzen und in grobe Würfel schneiden. Kartoffeln und Gemüse in eine Auflaufform geben, dabei nicht vermischen.
Gemüsebrühe aufkochen lassen und die Käseecken darin schmelzen. Mit Salz, Pfeffer und Muskat abschmecken und über den Auflauf geben.

Im Backofen bei 200° (Umluft 170°) ca. 20 min backen.

Und was bekommt Bea?

Bea bekommt 160 g Kartoffeln = 2 BE und Gemüse nach Wahl.

Kartoffel-Crêpes ☺ ☺

Zutaten:

6 EL	Magerquark
6 EL	Mineralwasser
	Salz, Pfeffer, Süßstoff
2-3	Lauchzwiebeln
1 EL	gemischte Kräuter
300 g	Kartoffeln
4 EL	Wasser
2 EL	Zitronensaft
4 EL	Stärke
2	Eier
4 TL	Öl

Zubereitung:

Den Quark mit 4 EL Mineralwasser verrühren.
Die Lauchzwiebeln putzen und in feine Ringe
schneiden. Den Quark mit Salz, Pfeffer und
Süßstoff würzen bzw. abschmecken. Kräuter und
Zwiebeln unterrühren.
Die Kartoffeln schälen, grob würfeln und mit den
4 EL Wasser und dem Zitronensaft pürieren.
Anschließend mit der Stärke, den Eiern und den
restlichen 2 EL Mineralwasser zu einem glatten
Teig verrühren.
Das Öl in einer Pfanne erhitzen und nacheinander
4 Crêpes ausbacken.
Die Crêpes mit dem Kräuterquark füllen.

Und was bekommt Bea?

Bea bekommt einen Crêpes = etwas mehr als
1,5 BE.

Kartoffelkuchen

Zutaten:

2 Sch.	gekochten Schinken
1 kg	Kartoffeln
2	Eier
90 g	Mehl
½ TL	Backpulver
1 EL	gemischte Kräuter
8 EL	geriebener Käse
	Muskat, Paprika, Salz, Pfeffer

Zubereitung:

Die Kartoffeln als Pellkartoffeln kochen, pellen und pürieren. Den Backofen vorheizen.
Kartoffeln mit Eiern, Mehl und Backpulver zu einem glatten Teig verkneten. Den Schinken in Streifen schneiden und zusammen mit dem Käse und den Kräutern unter die Kartoffelmasse rühren. Nach Belieben würzen.
Die Masse auf ein mit Backpapier ausgelegtes Backblech streichen.

Im Backofen bei 175° (Umluft 140°) ca. 20 min backen.

Und was bekommt Bea?

Bea bekommt eine viertel Portion = 4 BE.

Kartoffelpüree-Auflauf

Zutaten:

1 kg	Blumenkohl
1 kg	Brokkoli
800 g	Kartoffelpüree, fertig
	Muskat
360 g	Putenfilet
40 g	Mehl
1 TL	Öl
2	Zwiebeln
	Pfeffer
6 EL	geriebener Käse
40 g	Paniermehl

Zubereitung:

Blumenkohl und Brokkoli putzen, in kleine
Röschen teilen und in kochendem Salzwasser ca.
5 min blanchieren. Gemüse abtropfen lassen und
mit dem fertigen Kartoffelpüree vermischen. Mit
etwas Muskat würzen und in eine flache Auflaufform füllen. Den Backofen vorheizen.
Das Putenfleisch heiß abwaschen, trocknen, in
kleine Streifen schneiden und mit Mehl bestäuben.
Zwiebeln putzen und in Ringe schneiden. Das Öl
in einer Pfanne erhitzen und das Fleisch ca. 5 min
darin braten.

Die Zwiebelringe dazu geben, kurz mitgaren lassen und alles mit Salz und Pfeffer würzen.
Das Fleisch auf die Kartoffel-Gemüse-Masse verteilen.
Den Käse mit dem Paniermehl vermischen und über dem Auflauf verteilen.

Im Backofen bei 200° (Umluft 160°) ca. 25 min überbacken.

Und was bekommt Bea?
Bea bekommt eine viertel Portion = 3 BE.

Tipp: Ausnahmsweise Kartoffelpüree aus der Tüte nehmen - ist feiner und geht schneller. Bei Bedarf Gemüsemenge reduzieren.

Paprika-Bratkartoffeln ☺ ☺ ☺

Zutaten:

1 kg	Kartoffeln
2 EL	Öl
2	rote Paprika
2	gelbe Paprika
1 Bd.	Frühlingszwiebeln
	Salz, Pfeffer

Zubereitung:

Kartoffeln als Pellkartoffeln garen, abkühlen
lassen, pellen und in Scheiben schneiden.
Das Öl in einer Pfanne erhitzen und die Kartoffeln
knusprig braten.
Paprika und Frühlingszwiebeln putzen, in Streifen
bzw. Ringe schneiden, zu den Bratkartoffeln geben
und weitere 10 min braten. Bratkartoffeln mit Salz
und Pfeffer würzen.

Und was bekommt Bea?

Bea bekommt eine viertel Portion = 3 BE.

Anmerkung:
Das Gewicht der Kartoffeln reduziert sich durchs
Kochen und Pellen um ca. 20%. Als Grundlage
zur Berechnung nehme ich hier 166 g Bratkartoffel
= 2,5 BE.

Nudel-Lauch-Auflauf   ☺ ☺ ☺

Zutaten:

200 g	Nudeln, trocken
	Salz
2 St.	Porree
4	Möhren
1 TL	ÖL
300 g	Hackfleisch
200 ml	Instant-Gemüsebrühe
	Pfeffer
80 g	geriebener Käse

Zubereitung:

Nudeln nach Anweisung in Salzwasser bissfest kochen und abgießen. Gemüse putzen. Lauch in Ringe und Möhren in Würfel schneiden.
Das Öl in einer Pfanne erhitzen und das Hackfleisch braten. Den Backofen vorheizen.
Lauch und Möhren sowie die Gemüsebrühe zum Fleisch geben und ca. 5 min garen. Mit Salz und Pfeffer würzen. Fleisch, Gemüse und Nudeln in eine Auflaufform geben und mit Käse bestreuen.

Im Backofen bei 200° (Umluft 160°) ca. 15 min überbacken.

Und was bekommt Bea?

Bea bekommt eine viertel Portion = 2,5 BE.

Nudelkuchen

Zutaten:

240 g	Nudeln, trocken
	Salz
4	Möhren
1	Frühlingszwiebel
1	Brokkoli
3 EL	Pinienkerne
80 g	Schinken
500 ml	Milch
120 g	Schmand
6	Eier
	Pfeffer
1 EL	Kräuter

Zubereitung:

Nudeln nach Anweisung in Salzwasser bissfest
kochen und abgießen. Gemüse putzen.
Frühlingszwiebel in Ringe und Möhren in Würfel
schneiden. Den Brokkoli in kleine Röschen teilen.
Das Gemüse in kochendem Salzwasser 5 min
blanchieren.
Den Schinken in kleine Stücke schneiden.
Den Backofen vorheizen.
Danach das Gemüse mit den Nudeln und den
Pinienkernen auf ein mit Backpapier ausgelegtes
Backblech geben und mit dem Schinken bestreuen.

Milch, Schmand und Eier verrühren, würzen und Kräuter unterziehen. Diese Masse über die Nudeln gießen.

Im Backofen bei 200° (Umluft 160°) ca. 25 min überbacken.

Und was bekommt Bea?

Bea bekommt eine viertel Portion = ca. 2 BE.
Das komplette Blech hat 8,25 BE.

Tipp: Der Auflauf lässt sich besser schneiden, wenn er etwas abgekühlt ist. Auch prima als kleiner Happen auf Partys – einfach in 12 Stückchen schneiden.

Gemüsenudeln

Zutaten:

2	Zucchini
4	Möhren
1 St.	Lauch
240 g	Nudeln, trocken
4 EL	Essig
	Salz, Pfeffer, Paprika

Zubereitung:

Das Gemüse putzen und mit dem Sparschäler in feine, kleine Streifen schneiden.

Wasser für die Nudeln aufsetzen und den Essig dazugeben. Die Nudeln nach Packungsanweisung bissfest kochen.

Kurz vor Ende der Garzeit die Gemüsestreifen hinzufügen und mitgaren.

Gemüsenudeln abgießen und mit Salz, Pfeffer und Paprika würzen.

Und was bekommt Bea?

Bea bekommt eine viertel Portion = 3 BE.

Tipp: Parmesankäse dazu reichen.

Nudeln mit Käsesauce I

Zutaten:

240 g	Nudeln, trocken
	Salz
3	Zwiebeln
500 ml	Milch
120 g	Schmelzkäse
2 EL	gemischte Kräuter
	Pfeffer, Paprika
2 EL	hellen Saucenbinder

Zubereitung:

Nudeln nach Anweisung in Salzwasser bissfest garen.
Währenddessen die Zwiebeln putzen, fein würfeln und in einer beschichteten Pfanne fettfrei andünsten. Die Milch angießen und Käse darin schmelzen lassen. Die Kräuter unterrühren und Sauce würzen. Anschließend mit Saucenbinder andicken. Nudeln mit Sauce servieren.
Dazu gibt es Salat.

Und was bekommt Bea?

Bea bekommt 100 g Nudeln und eine viertel Portion Sauce = 3 BE. (Saucenbinder ohne Berechnung)

Nudeln mit Käsesauce II

Zutaten:

240 g	Nudeln, trocken
	Salz
500 ml	Instant-Gemüsebrühe
120 g	Schmelzkäse
2 EL	gemischte Kräuter
	Pfeffer, Paprika
2 EL	hellen Saucenbinder

Zubereitung:

Nudeln nach Anweisung in Salzwasser bissfest garen.

Die Gemüsebrühe aufkochen und Käse darin schmelzen lassen. Die Kräuter unterrühren und Sauce würzen. Anschließend mit Saucenbinder andicken. Nudeln mit Sauce servieren.

Dazu gibt es Salat.

Und was bekommt Bea?

Bea bekommt 100 g Nudeln und eine viertel Portion Sauce = 2,5 BE. (Saucenbinder ohne Berechnung)

Tipp: Schmeckt auch gut zu Spätzle oder Tortellini.

BE der Nudeln dann dementsprechend ändern.

Wirsing-Nudeln

Zutaten:

240 g	Nudeln, trocken
	Salz
4	Tomaten
2	Zwiebeln
1	Wirsing
500 g	Hackfleisch
200 ml	Instant-Gemüsebrühe
100 g	Schmelzkäse
	Pfeffer, Paprika

Zubereitung:
Nudeln nach Anweisung in Salzwasser bissfest garen.
Währenddessen die Tomaten einritzen, überbrühen, häuten, halbieren, entkernen und würfeln.
Zwiebeln und Wirsing putzen, die Zwiebeln würfeln und den Wirsing in Streifen schneiden.
Zwiebeln in einer beschichteten Pfanne fettfrei andünsten. Das Hackfleisch zufügen und anbraten.
Tomaten, Wirsing, Gemüsebrühe und Käse zum Fleisch geben und ca. 10 min garen lassen.
Anschließend nach Geschmack würzen und mit den Nudeln servieren.

Und was bekommt Bea?
Bea bekommt 100 g Nudeln = 2,5 BE und Sauce
nach Belieben.

Tipp: Ideales Rezept für Leute, die Wirsing
eigentlich nicht so gern essen. Am besten einen
kleinen Wirsing nehmen.
Die Tomaten durch eine Dose Pizzatomaten
ersetzen. So wird es saftiger und man hat weniger
Arbeit.

Gemüsepuffer ☺ ☺ ☺ ☺

Zutaten:

3	Möhren
2	Zucchini
1 kg	Kartoffeln
1	Knoblauchzehe
1	Ei
	Salz, Pfeffer, Curry
	Öl

Zubereitung:

Gemüse und Kartoffeln putzen und fein reiben.
Den Teig etwas stehen lassen und die austretende
Flüssigkeit abgießen. Das Ei, den geriebenen
Knoblauch und die Gewürze unterrühren.
Das Öl in einer Pfanne erhitzen und insgesamt 32
kleine Gemüsepuffer von beiden Seiten goldbraun
ausbacken.

Und was bekommt Bea?
Bea bekommt 8 Puffer = 4 BE.

Tipp: Am besten mit zwei Pfannen arbeiten und
jeweils 4 Puffer braten.

Anmerkung: Entgegen dem eigentlichen Kartoffel-
Anteil veranschlage ich immer 4 BE pro Portion.

Maisplätzchen   ☺ ☺ ☺

Zutaten:

3	Eier
80 g	Weizenvollkornmehl
1	große Zwiebel
1	Stange Porree
250 g	Maiskörner
2 EL	gehackte Petersilie
	Salz, Pfeffer
	Öl

Zubereitung:

Die Eier mit dem Mehl verrühren. Die Zwiebel
würfeln, den Porree in feine Ringe schneiden und
zusammen mit dem Mais unter den Teig heben.
Würzen und die Petersilie unterrühren.
Das Öl in einer Pfanne erhitzen und den Teig
esslöffelweise hineingeben, flachdrücken und von
beiden Seiten goldbraun backen. Insgesamt 12
Plätzchen backen.

Und was bekommt Bea?

Bea bekommt drei Plätzchen = etwas über 2 BE.
Dazu schmeckt ihr am besten 20 g Ketchup.
Insgesamt berechnen wir also 2,5 BE.

Risotto

Zutaten:

200 g	Naturreis
1	kleine Zwiebel
2 EL	Öl
200 g	Möhren
150 g	Maiskörner
200 g	Erbsen
2 EL	gehackte Kräuter
	Curry, Salz
100 g	Frischkäse
50 g	geriebener Käse

Zubereitung:

Das Öl in einem Topf erhitzen und die feinge-hackten Zwiebeln darin glasig dünsten. Den Reis mit der entsprechenden Menge Wasser dazu geben und alles bei kleiner Hitze 20 – 30 min kochen. Mais, Erbsen und die geraspelten Möhren zu dem Reis geben und 10 min mitgaren. Kräuter, Gewür-ze und Frischkäse unter den Risotto rühren. Kurz vorm Servieren mit Käse bestreuen.

Und was bekommt Bea?

Bea bekommt eine viertel Portion, was hier knapp 2 BE sind.
Das sind ca. 250 g Risotto.

Tipp:
Beim Frischkäse auf die Fettstufe achten und die leichte Variante wählen.
Bea mag am liebsten bereits gedünstete Möhrenwürfel anstatt der Möhrenraspel.
Das Rezept eignet sich prima, wenn man noch Reis vom Vortag über hat.

Achtung:
Die Kochzeit beim Reis richtet sich nach der Art des Reises. Bei Basmati und poliertem Reis verringert sich die Kochzeit.

Geflügel-Bolognese

Zutaten:

250 g	Möhren
200 g	Knollensellerie
2	Zwiebeln
1	Knoblauchzehe
360 g	Putenschnitzel
3 TL	Öl
600 g	passierte Tomaten
400 ml	Instant-Gemüsebrühe
	Chilipulver, Paprika, Salz
2 TL	Sojasauce
8 EL	Parmesan

Zubereitung:

Möhren, Sellerie, Zwiebeln und Knoblauch putzen bzw. schälen und klein würfeln. Die Möhren bissfest dünsten.

Das Putenfleisch sehr klein hacken. Öl in einem Topf erhitzen, das Fleisch darin anbraten. Anschließend das Gemüse zugeben und mitbraten. Passierte Tomaten und Gemüsebrühe unterrühren und alles ca. 10 min köcheln lassen. Die Sauce mit Salz, etwas Chili und Sojasauce würzen. Mit 2 EL Parmesan pro Person servieren.

Dazu schmecken alle Sorten Nudeln.

Und was bekommt Bea?
Bea bekommt eine Portion Bolognese mit
Parmesan.

Dazu gibt es Nudeln, 100 g = 2,5 BE. ☺ ☺ ☺

Tipp:
Die Sauce kann nach Belieben mit anderen Ge-
würzen verfeinert werden. Sehr gut schmeckt ein
Pizzagewürz dazu.
Die Hälfte der passierten Tomaten durch
Tomatenstücke ersetzen.

Hähnchen-Pfirsich-Auflauf

Zutaten:

500 g	Brokkoli
250 g	Pfirsiche natursüß (Dose)
400 g	Hähnchenbrustfilet
3 TL	Öl
2 TL	Sojasauce
	Curry, Pfeffer, Salz, Paprika
4 TL	gehackte Nüsse
100 g	geriebener Käse

Zubereitung:

Brokkoli waschen, in kleine Röschen teilen und bissfest garen.
Die Pfirsiche würfeln. Den Backofen vorheizen.
Das Filet heiß abwaschen, trockentupfen und in heißem Öl anbraten. Mit Sojasauce, Curry, Pfeffer, Salz und Paprika würzen.
Das Fleisch in eine Auflaufform geben. Brokkoli, Pfirsiche und Nüsse darüber verteilen. Mit dem Käse bestreuen.

Im Backofen bei 200° (Umluft 170°) ca. 25 min überbacken.

Dazu schmeckt Reis.

Und was bekommt Bea?

Bea bekommt eine viertel Portion Auflauf = etwas mehr als 0,5 BE (je nach Menge der Pfirsiche, die man herausfischt!).

Dazu gibt es Reis, 100 g = 2 BE.   ☺ ☺

Tipp:
Das Gericht gibt wenig Sauce her. Wem der Reis zu „trocken" ist, reicht besser Kartoffelpüree oder Ofenkartoffeln dazu.

Spinat-Hähnchenbrust

Zutaten:

2	Zwiebeln
400 g	Hähnchenbrustfilet
	Salz, Pfeffer
80 g	Blattspinat (TK)
3 TL	Öl
120 g	Fetakäse
	Rouladennadeln oder Küchengarn

Zubereitung:

Die Zwiebeln schälen und würfeln. Das Hähnchenfilet waschen und seitlich eine Tasche hineinschneiden. Mit Salz und Pfeffer würzen.
Fetakäse in kleine Stücke bröckeln.
Etwas Öl in einer Pfanne erhitzen und die Zwiebeln darin glasig dünsten. Spinat zugeben und mitdünsten. Die Pfanne vom Herd nehmen und den Fetakäse darüber streuen. Mit dieser Mischung die Hähnchenfilets füllen und mit den Rouladennadeln bzw. dem Garn verschließen. Das restliche Öl in der Pfanne erhitzen und die gefüllten Filets rundum braten.

Dazu schmecken Kartoffeln.

Und was bekommt Bea?

Bea bekommt ein gefülltes Hähnchenfilet.

Dazu gibt es Kartoffeln, 160 g = 2 BE. ☺ ☺

Gefüllte Hähnchenbrust

Zutaten:

400 g	Hähnchenbrustfilet
3 EL	Pinienkerne
1 Bd.	Petersilie
2	Knoblauchzehen
	Pfeffer
	Salz, Pfeffer
80 g	Parmesan
4 EL	Orangensaft
3 TL	Öl
1 Ds.	Pizzatomaten
	Rouladennadeln oder Küchengarn

Zubereitung:

Das Hähnchenfilet waschen, trockentupfen und seitlich eine Tasche hineinschneiden. Die Pinienkerne ohne Fett in einer Pfanne rösten und abkühlen lassen. Das Basilikum waschen, trocknen und die Blättchen klein scheiden. Den Knoblauch schälen und fein hacken.

Pinienkerne, Basilikum, Salz, Pfeffer, die Hälfte Knoblauch und 40 g Parmesan mit dem Orangensaft vermischen.

Mit dieser Mischung die Hähnchenfilets füllen und mit den Rouladennadeln bzw. dem Garn verschließen.

Das Öl in der Pfanne erhitzen und die gefüllten Filets rundum braten. Nach Belieben dabei mit Salz und Pfeffer würzen.
Die Pizzatomaten in einem kleinen Topf erhitzen, mit dem restlichen Knoblauch und Parmesan würzen. Als Sauce zum Filet reichen.

Dazu schmecken Kartoffeln.

Und was bekommt Bea?
Bea bekommt ein gefülltes Hähnchenfilet.

Dazu gibt es Kartoffeln, 160 g = 2 BE.   ☺ ☺

Tipp:
Dazu schmeckt auch Reis sehr gut. Bea mag vor allem die Ofenkartoffeln.

Putenschnitzel Exotik

Zutaten:

4	Putenschnitzel
	Salz, Pfeffer
3 TL	Öl
2 TL	Erdnussbutter
2	unbehandelte Orangen
100 ml	Instant-Gemüsebrühe
250 g	Joghurt
	Curry, Süßstoff

Zubereitung:

Den Backofen vorheizen.

Putenschnitzel abwaschen, trocknen und in heißem Öl in einer Pfanne anbraten. Das Fleisch mit Salz und Pfeffer würzen und von beiden Seiten je ca. 5 min braten. Die Schnitzel auf ein mit Backpapier ausgelegtes Backblech setzen und mit Erdnussbutter bestreichen.

> **Im Backofen bei 150° (Umluft 110°) ca. 15 min garen.**

Die Orangen heiß abschrubben, halbieren und auspressen. Von einer halben Orange die Schale fein abreiben.

Den Orangensaft in die Pfanne geben und den Bratensud der Schnitzel loskochen.

Gemüsebrühe und Orangenschale zufügen und ca. 10 min köcheln lassen. Joghurt unterrühren und mit Curry und Süßstoff abschmecken.
Schnitzel mit Sauce servieren.

Dazu schmecken Ofenkartoffeln und Gemüse (z. B. Brokkoli).

Und was bekommt Bea?
Bea bekommt ein Schnitzel mit Sauce = ca. 0,5 BE.

Dazu gibt es 160 g Kartoffeln = 2 BE.   ☺ ☺

Tipp: Die Sauce mit einem kleinen Stück frisch geriebenem Ingwer verfeinern. Auch lecker zu Reis und Salat.

Hähnchen-Schaschlik

Zutaten:

720 g	Hähnchenbrustfilet
2	gelbe Paprika
	Salz, Pfeffer, Paprika, Curry
1 EL	Öl
150 ml	Instant-Gemüsebrühe
6 EL	passierte Tomaten
	ggf. etwas Saucenbinder

Zubereitung:

Hähnchenbrustfilet heiß abwaschen, trocknen und dann in Würfel schneiden. Paprika putzen und ebenfalls grob würfeln.

Hähnchen und Paprika abwechselnd auf Spieße stecken und würzen.

Öl in einer Pfanne erhitzen und die Spieße rundum braten.

Gemüsebrühe und passierte Tomaten dazu geben und aufkochen lassen. Sauce reduzieren lassen und ggf. binden.

Dazu schmeckt Reis.

Und was bekommt Bea?

Bea bekommt Fleischspieße nach Wahl.

Dazu gibt es 100 g Reis = 2 BE.

Saucenbinder verwende ich sparsam und selten –
und ohne Berechnung.

Tipp: Statt der passierten Tomaten eine Dose
Pizzatomaten nehmen.

Russischer Hackfleischtopf

Zutaten:

3	Zwiebeln
2 St.	Porree
3	rote Paprikaschoten
3 TL	Öl
400 g	Hackfleisch
8 EL	passierte Tomaten
500 ml	Instant-Gemüsebrühe
1 EL	Senf
	Paprika, Salz, Pfeffer
4 EL	saure Sahne

Zubereitung:

Zwiebeln und Porree putzen bzw. schälen. Den
Porree in Ringe schneiden. Die Zwiebeln und die
Paprika in kleine Würfel schneiden.
Das Öl in einem Topf erhitzen und die Zwiebeln
glasig dünsten. Das Hackfleisch zugeben und
anbraten. Das Gemüse mit den passierten
Tomaten und der Gemüsebrühe zum Fleisch
geben und mitschmoren lassen. Mit Senf,
Paprikapulver, Salz und Pfeffer würzen. Bei
schwacher Hitze ca. 20 min köcheln lassen.
Häufiger umrühren.
Kurz vorm Servieren die saure Sahne unterrühren.

Dazu schmecken Kartoffeln.

Und was bekommt Bea?

Bea bekommt Hackfleisch-Gemüse nach Wahl.

Dazu gibt es Kartoffeln, 160 g = 2 BE. ☺ ☺

Tipp:
Schmeckt auch prima zu Reis.

Hackfleisch-Muffins ☺

Zutaten (für 12 Muffins):

1 TL	Öl
1	Zwiebel
1	Knoblauchzehe
1	rote Paprikaschote
100 g	Pilze
1 Bd.	Petersilie
100 g	Mozzarella
2	Eier
420 g	Hackfleisch
50 g	Paniermehl
	Salz, Pfeffer, Chilipulver
1 TL	Senf

Zubereitung:
Den Backofen vorheizen und das Muffinsblech
mit Öl einfetten. Zwiebel und Knoblauch schälen
und fein würfeln. Paprika und geputzte Pilze
ebenfalls würfeln. Die Petersilie waschen,
trocknen und fein hacken. Den Mozzarella in
Stücke schneiden.
Die Eier in eine Schüssel aufschlagen und mit
Hackfleisch, Paniermehl, Salz, Pfeffer, etwas
Chilipulver, Senf und Petersilie verrühren.
Anschließend das Gemüse und den Käse unter-
mengen. Die Masse in die Vertiefungen des
Muffinsblechs füllen.

> **Im Backofen bei 190° (Umluft 170°) ca. 25 min backen.**

Dazu schmeckt Reis.

Und was bekommt Bea?
Drei Muffins haben etwas mehr als 0,5 BE.

Dazu bekommt Bea Reis, 100 g = 2 BE. ☺ ☺

Tipp:
Papierförmchen in das Muffinsblech setzen. Dann ist das Säubern des Blechs leichter. Die Muffins eignen sich prima für Partys und fürs Picknick, da sie auch kalt sehr gut schmecken.

Lachs in Käsesauce

Zutaten:

2	Zwiebeln
2	Knoblauchzehen
400 g	Lachsfilet, roh
4 TL	Öl
8 EL	Frischkäse
400 ml	Instant-Gemüsebrühe
	Salz, Pfeffer
1 EL	gemischte Kräuter

Zubereitung:

Zwiebeln und Knoblauch schälen und klein würfeln. Den Lachs abwaschen und in mundgerechte Stücke schneiden.

Das Öl in einer Pfanne erhitzen. Die Zwiebeln und den Knoblauch anbraten. Die Lachswürfel zugeben und ebenfalls kurz anbraten. Frischkäse und Gemüsebrühe zum Lachs geben, mit Salz und Pfeffer würzen, alles aufkochen und ca. 10 min köcheln lassen. Zum Schluss die Kräuter unterrühren.

Dazu schmeckt Reis und Gemüse (z. B. Brokkoli).

Und was bekommt Bea?

Bea bekommt eine Portion Fisch mit Sauce.

Dazu gibt es Reis, 100 g = 2 BE. ☺ ☺

Verrückte Fischbällchen

Zutaten:

500 g	Fischfilet
1	Ei
1	Zwiebel
	Salz, Pfeffer
2 EL	Öl

Zubereitung:

Das Fischfilet waschen und in der Küchenmaschine durchdrehen. Die Zwiebel putzen und fein würfeln. Fisch, Ei und Zwiebel mischen, würzen und zu 20 kleinen Bällchen formen.
Das Öl in einer Pfanne erhitzen und Fischbällchen rundherum goldbraun braten.

Dazu schmeckt Reis mit Salat.

Und was bekommt Bea?

Bea bekommt Fischbällchen nach Belieben.

Dazu gibt es 100 g Reis = 2 BE.　☺ ☺

Tipp: Ideal für Kinder, die Fisch nicht so mögen – und gesunder Ersatz für Fischstäbchen. Es eigenen sich Schellfisch, Seehecht und Kabeljau.

Kurz vor Ende der Bratzeit eine kleine Sauce aus Tomatensaft, Kräutern und etwas Instant-Gemüsebrühe-Pulver in die Pfanne geben.

Anmerkung: Das Rezept heißt „verrückte Fischbällchen" weil im Original durchgedrehtes, also verrücktes Fischfilet genommen werden soll!

Sesamfisch

Zutaten:

4	Seelachsfilets
	Zitronensaft
2 El	Sesamsamen
1	Frühlingszwiebel
	Salz, Pfeffer
2 EL	Öl

Zubereitung:

Das Fischfilet waschen und mit Zitronensaft beträufeln.
Die Frühlingszwiebel putzen und fein hacken.
Das Öl in einer beschichteten Pfanne erhitzen und den Fisch zusammen mit den Sesamsamen und der Zwiebel anbraten.
Bei mittlerer Hitze garen, ggf. mehrmals wenden.

Dazu schmeckt Reis mit Salat.

Und was bekommt Bea?

Bea bekommt ein Fischfilet.
Dazu gibt es 100 g Reis = 2 BE.

Blitzrezepte

Kennt sicherlich jeder. Man kommt mittags nach Hause, hat nichts fürs Mittagessen vorbereitet und die Familie hat Hunger.
Einfache Lösung ist hier Fastfood. Man wirft den Backofen an und entsprechend viele Pizzen hinterher. Oder macht eine Dose Eintopf auf.
Für mich ist das absolute Ausnahme, da meiner Meinung nach in den ganzen vorgefertigten Gerichten meist viel zu viele Kalorien versteckt sind.
Von daher versuche ich immer ein doch noch halbwegs gesundes und trotzdem schnelles Essen zu zaubern.

Was immer schnell geht – Nudeln!
Also einfach rasch Wasser aufsetzen und bis das kocht, sich die Sauce überlegen. Ich habe da folgende Alternativen:

- eine Packung Rahmspinat erhitzen und als Sauce über die gekochten Nudeln geben
- eine Dose Pizzatomaten erwärmen, würzen und über die Nudeln geben
- etwas Wasser aufkochen, Instant-Gemüsebrühe und Tomatenmark zufügen und ggf. binden – fertig ist die Sauce
- siehe „Käsesauce II"

Die BE jeweils nach Menge der Nudeln berechnen.

Hat man etwas mehr Zeit, Kartoffeln kochen.
Schnell geht hier:

- Kartoffeln mit Rahmspinat und Ei
- Pellkartoffeln und Kräuterquark
  (Magerquark mit etwas Wasser und einer
  Handvoll gemischter Kräuter verrühren,
  würzen)
- Kartoffeln würfeln, Möhren würfeln und
  beides unvermischt im Dünsteinsatz gar
  dünsten – auf Teller füllen, mit Salz, Curry
  und etwas Raspelkäse bestreuen

Die BE jeweils nach Menge der Kartoffeln berechnen.

Eine gute Alternative zur Fertigpizza ist ein bereits
fertiger Pizzaboden aus dem Supermarkt, den man
dann nach Belieben mit Pizzatomaten, Gewürzen,
Salami, Schinken, Paprika und Raspelkäse belegt.
Die BE nach Nährwertangaben des Fertigbodens
berechnen.

Bei den Kräutern nehme ich meist gefrierge-
trocknete Kräuter aus dem Glas, weil es einfach
schneller geht und sie immer zur Hand sind.

Raspelkäse lässt sich sehr gut einfrieren und dann nach Bedarf entnehmen.

Für Notfälle einfach bestimmte Gerichte auf Vorrat kochen und einfrieren.
Die Bolognese-Sauce koche ich z. B. immer in doppelter Menge und friere eine Portion ein.

Inhaltsverzeichnis alphabetisch

Nachwort

An dieser Stelle möchte ich ganz herzlich
meiner Familie danken, die immer alle
Rezepte brav Probe gegessen hat und mich
damit sehr unterstützt hat.
Ganz besonders danke ich Frauke Serwin,
Diätassistentin des Diabetes-Teams im
Gemeinschaftskrankenhaus Herdecke, für
die Durchsicht meines Manuskriptes und für
ihre Anregungen.